AF536313

Die Bibel erklärt

—

Psalmen – Arbeitsheft

Christopher Ash

INHALT

DER CHOR DES KÖNIGS: DIE PSALMEN MIT JESUS SINGEN

—

Vielleicht liest du dieses Arbeitsheft zusammen mit dem Kommentar *Die Bibel erklärt: Psalmen*. Die Kapitel dieser beiden Bücher sind folgendermaßen miteinander verknüpft:

Einheit 1 im Arbeitsheft → Kapitel 1 im Kommentar (Psalm 1 und 2)
Einheit 2 → Kapitel 3 (Psalm 22)
Einheit 3 → Kapitel 3 (Psalm 23)
Einheit 4 → Kapitel 5 (Psalm 42 und 43)
Einheit 5 → Kapitel 10 (Psalm 84)
Einheit 6 → Kapitel 11 (Psalm 90)
Einheit 7 → Kapitel 16 (Psalm 145)

EINLEITUNG

Jeder Bibelkreis ist anders. Es kann sein, dass deiner in der Gemeinde stattfindet oder zu Hause oder in einem Café oder unterwegs im Zug. Gemütlich bei einer Tasse Kaffee am Vormittag oder hektisch während einer 30-minütigen Mittagspause. Die Teilnehmer können frischgebackene oder auch gestandene Christen sein, komplette Nichtchristen, junge Mütter, die ihr Kleinkind mitgebracht haben, Studenten, Geschäftsleute oder Teenager. Wir haben dieses Arbeitsheft entsprechend flexibel gestaltet, zum Einsatz in verschiedenen Kontexten.

Das Ziel ist es jeweils, zu ermitteln, was in dem entsprechenden Bibelabschnitt steht und wie dies mit dem »großen Bild« der Bibel als ganzer zusammenhängt. Doch es geht noch weiter: Wir müssen das, was wir entdeckt haben, auch auf unser Leben anwenden. Insgesamt gibt es die folgenden Schritte:

↳ **Einstieg:** Meistens muss zu Beginn der Sitzung erst einmal »das Eis gebrochen« werden. Hier findet ihr die Frage, die genau das leistet. Sie ist so formuliert, dass sie zum Reden über ein Thema anregt, das in dieser Sitzung behandelt werden wird.

↓ **Was steht da?** Der Bibeltext wird in überschaubare Abschnitte gegliedert, mit Fragen, die uns helfen, die Aussage des Textes zu verstehen. Die **Arbeitshilfe für Gruppenleiter** enthält **Fragen zum Studium** sowie manchmal ⟳ zusätzliche Fragen zur Vertiefung.

↓↓ **Tiefer schürfen (optional):** Diese Fragen helfen dir, das Gelernte mit anderen Stellen in der Bibel zu vernetzen, sodass sich die verschiedenen Puzzle-Stücke zu einem Gesamtbild zusammenfügen. Manchmal behandeln diese Fragen auch einen Aspekt des Bibeltextes, der im Hauptstudienteil nur gestreift worden ist.

→ **Ab in die Praxis:** Diese Fragen sollen der Gruppe helfen, darüber nachzudenken, was das, was da in der Bibel steht, für die Lebenspraxis des Einzelnen wie der Gemeinde bedeutet.

⟲ **Ganz persönlich:** Diese Abschnitte sind Hilfen zum Nachdenken, Planen und Beten bezüglich der Veränderungen, die aufgrund dessen, was ich in diesem Bibeltext gelernt habe, möglicherweise in meinem Leben nötig sind.

↑ **Zum Beten:** Dieses Arbeitsheft möchte Mut machen zu einem Beten, das in Gottes Wort wurzelt und auf seine Wünsche, Ziele und Verheißungen ausgerichtet ist. Daher endet jeder Abschnitt mit der Gelegenheit, die Erkenntnisse und Anfragen, die sich während des Bibelstudiums ergeben haben, noch einmal zusammenzufassen und Bitt- und Dankgebete daraus zu machen.

Die **Arbeitshilfe für Gruppenleiter** bietet historische Hintergrundinformationen, Erläuterungen der zu behandelnden Bibeltexte, Ideen für Extra-Aktivitäten und Hilfen, wie man Menschen am besten dabei unterstützen kann, die Wahrheiten des Wortes Gottes zu entdecken. Die Arbeitshilfe kann kostenlos auf unserer Webseite heruntergeladen werden.

WARUM DIE PSALMEN STUDIEREN?

Ich möchte euch einladen, mit mir auf eine Reise durch die fünf Bücher der Psalmen (den Psalter) zu gehen, um beten zu lernen. Genau dafür sind die Psalmen in der Bibel gedacht. Sie sollen uns lehren, in Übereinstimmung mit Gottes Willen zu beten. Sie geben uns Einblick, wie Jesus in seinem Leben als Mensch beten lernte. Mit ihnen soll auch das Volk Jesu beten, denn durch die Psalmen leitet der Geist Jesu uns im Gebet und im Lobpreis an.

In den Psalmen lernen wir, gemeinschaftlich zu beten – zusammen mit Jesu Kirche aller Zeitalter. Wir lernen, christozentrisch zu beten: Wir lassen uns in unseren Gebeten von Jesus Christus leiten, durch dessen Geist wir die Psalmen beten. Wir lernen, einfühlsam zu beten, indem wir uns mit der größeren Gemeinde identifizieren und uns weniger auf unsere individualistischen (und oft um uns selbst kreisenden) Anliegen konzentrieren. Die Psalmen singen und beten zu lernen, ist eine herausfordernde Angelegenheit und eine aufrüttelnde Erfahrung. Dennoch ist es eine Übung, die uns in das Bild des Gottessohnes, des Herrn Jesus, verwandelt, dessen Gebetsleben von diesen herrlichen Dichtungen geprägt war.

Die Psalmen sind der von Gott gewählte Weg, unser Denken und unser Fühlen auf eine Weise anzuregen, die leidenschaftlich, wohlüberlegt, richtig und authentisch ist. Sie zeigen uns, wie wir unsere unterschiedlichsten Gefühle ausdrücken können. Mehr noch: Die Psalmen bringen unsere ungeordneten Empfindungen wieder in die rechte Ordnung. Wir entwickeln eine tiefere Sehnsucht nach dem, was wir ersehnen sollen, eine stärkere Abneigung gegen das, wovor wir fliehen müssen, und ein größeres Verlangen nach der Ehre Gottes im Wohlergehen der Gemeinde Christi. Die Psalmen erschaffen in uns eine reichhaltige Palette an korrekt ausgerichteten Emotionen. Es geht weniger darum, dass wir uns in den Psalmen wiederfinden, sondern vielmehr darum, dass sie uns prägen, damit jene gottgegebenen Sehnsüchte, die in ihnen so bewegend zum Ausdruck kommen, tief in uns widerhallen.

In weiten Teilen der heutigen christlichen Kirche sind die Psalmen ein vergessener Schatz: Viele Gemeinden gleichen einem verarmten Haus, auf dessen Dachboden unermessliche Reichtümer liegen – aus den Augen verloren, unbeachtet, von den Motten zerfressen und verstaubt. Lasst uns die Psalmen wieder hervorholen und in dem Wunder schwelgen, das in ihnen steckt – in einer Fülle und einem Reichtum der Beziehung zu Gott, an die so viele von uns halb verhungerten Christen nicht einmal im Traum denken.

DIE ZEITLEISTE DER BIBEL

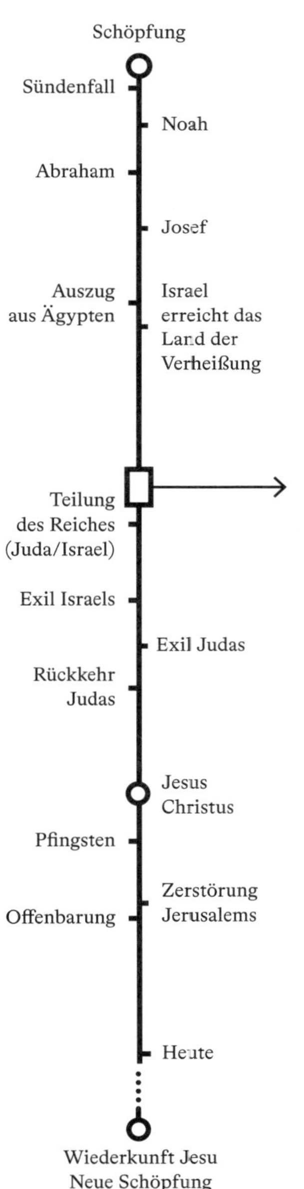

Wo stehen die Psalmen im Gesamtzusammenhang der Geschichte des Wortes Gottes?

KÖNIG DAVID
(1040–970 v. Chr.)

Von den 150 Liedern des Psalters wurden 73 von König David geschrieben. In diesem Arbeitsheft betrachten wir drei davon, außerdem einen Psalm Moses und weitere, die entweder anonym oder von einer Gruppe verfasst wurden, die wir als »Söhne Korachs« kennen.

PSALM 1 UND 2

—

1. GLÜCKLICH DER MANN, DER ...

↳ ***Einstieg***

1. Was kommt dir in den Sinn, wenn du an das Buch der Psalmen denkst? Wie geht es dir mit dem Gedanken, einige Psalmen gemeinsam zu studieren?

Hast du Lieblingspsalmen? Wenn ja, welche und warum?

↓ ***Was steht da?***

Psalm 1 und 2 sind wie zwei große Säulen zu beiden Seiten des Eingangstors, das in die fünf Bücher der Psalmen hineinführt. Sie leiten Buch I ein und sind dem gesamten Psalter vorangestellt.

◯ Lest Psalm 1, 1–6.

Worterklärungen

Glücklich (V. 1):
von Gott mit Gutem gesegnet.
Spreu (V. 4): Rückstand, der beim Dreschen des Getreides anfällt.
Gerecht (V. 5):
mit Gott im Reinen.
HERR (V. 6):
der Bundesname Gottes.

2. Was tut der Glückliche nicht (V. 1)?

   Wie lässt sich dieser Mensch positiv beschreiben (V. 2)?

   Welches Bild wird für den Glücklichen in Vers 3 verwendet?

3. Das Wort, das in Vers 1 in den meisten deutschen Bibeln mit »tritt« oder »betritt« übersetzt wird, heißt wörtlich »steht«. Warum werden jene, die in Vers 1 »stehen«, in Vers 5 nicht bestehen?

   Was ist der eigentliche Grund, weshalb sowohl die Seligpreisung als auch die Warnung dieses Psalms zutrifft (V. 6)?

4. Wer ist der eine Mensch, auf den die Beschreibung von Psalm 1 wirklich zutrifft und der es verdient, dieses Glück zu erben? Auf welche Weise entspricht er dieser Beschreibung?

→ Ab in die Praxis

5. Was müsste geschehen, damit du mehr und mehr die Eigenschaften dieses Glücklichen aufweist?

Wie könnte es in dieser Woche konkret werden, dich vom Druck einer sündigen Welt abzuwenden und stattdessen deine Freude an Gottes Gesetz zu haben?

Ganz persönlich

Das Leben Jesu, wie es für uns in den Evangelien festgehalten ist, zeigt, dass Jesus völlig davon überzeugt war, dass Glück tatsächlich allein im freudigen Gehorsam gegenüber dem Gesetz seines Vaters zu finden ist. Nimm dir Zeit, um innezuhalten und über dieses Wunder nachzudenken.

↓ ***Was steht da?***

○ Lest Psalm 2,1–12.

6. Worum geht es beim Murren der Nationen und weshalb ist es »vergeblich« (V. 1)?

Worterklärungen

Gesalbt (V. 2): von Gott erwählt.
Zion (V. 6): Jerusalem.
Ratschluss (V. 7): Gebot, Anordnung.

7. Was lernen wir in diesem Psalm über »den HERRN«?

8. Was lernen wir in den Versen 6–9 über Gottes gesalbten König?

Wie sollte angesichts dieser Beschreibung unsere Reaktion auf ihn aussehen?

Ganz persönlich

Das Singen von Psalm 2 bewirkt in uns Folgendes:

- Durch den Geist Christi wird unser stolzes Streben nach Unabhängigkeit überwunden (V. 1–3).
- Der Psalm vertieft die Überzeugung in uns, dass Jesus wirklich der Herr ist (V. 4–6) und dass nichts etwas daran ändern kann (V. 7–9).
- Er bewegt uns dazu, unsere Knie jetzt vor ihm zu beugen, ehe es zu spät ist (V. 10–12).

Wie reagierst du auf diese drei Dinge? Nimm deine Antworten als Basis für ein Gebet.

9. Psalm 1 beginnt mit einer Seligpreisung und Psalm 2 endet mit einer. Wie würdest du anhand dieser Psalmen in einem Satz zusammenfassen, wie man ein solcher Mensch werden kann, der glücklich zu preisen ist?

↓↓ ***Tiefer schürfen***

Jesus Christus lebte die Gerechtigkeit von Psalm 1 aus und erbte die Verheißungen von Psalm 2. Wie passen die folgenden Verse über Jesus zu Psalm 2?

Apostelgeschichte 4, 25–26 und Offenbarung 11, 18

Matthäus 3, 17 und 17, 5

Hebräer 1, 2

Offenbarung 12, 5 und 19, 15

→ *Ab in die Praxis*

10. Wie könnten dir diese beiden Psalmen helfen, wenn du diese Woche im Gespräch bist mit …
jemandem, der Jesus ablehnt?

einem Christen, der mit Sünde zu kämpfen hat?

einem Christen, der wegen seines Glaubens verfolgt wird?

↑ *Zum Beten*

Jesus Christus, der Gerechte, der König aus dem Geschlecht Davids, ist jener gerechte König, den diese Psalmen uns so schön und kraftvoll vor Augen malen.
Der Segen wird vom Vater auf ihn ausgegossen. Gesegnet sein heißt, in ihm gefunden zu werden – in ihm allein.
Nehmt euch Zeit, um Jesus, dem gerechten König, zu danken und ihn zu preisen.

PSALM 22

2. DAS VERTRAUEN DES KÖNIGS

↳ ***Einstieg***

1. Wie beeinflusst es dein Gebetsleben, wenn du eine schwere Zeit durchmachen musst?

Wenn du nur eine Minute Zeit zum Beten hättest, ehe du dich einem Problem stellen musst – was würdest du zu Gott sagen?

↓ ***Was steht da?***

2. Lest Vers 1. Welche Informationen erhalten wir dort?

○ Lest Psalm 22, 2–22.

3. Was erlebt David in den Versen 2–3 dieses Psalms?

Was verkündet David in den Versen 4–6 dennoch über Gott?

4. David schreit in Vers 12: »Sei nicht ferne von mir, denn Angst ist nahe; denn es ist hier kein Helfer.« Auf welche Weise ist die Angst in den Versen 7–9 und 13–19 nahe?

Wie zeigen die Verse 20–22, dass David immer noch auf Gott vertraut, obwohl er Angst hat?

5. Viele Sätze aus den Versen 2–22 werden im Neuen Testament zitiert – entweder als direkte Aussprüche Jesu oder in Verbindung mit der Kreuzigung. Füllt die Tabelle aus, indem ihr die neutestamentlichen Zitate den entsprechenden Versen in Psalm 22 zuordnet.

Stelle im Neuen Testament	**Zitierter Vers aus Psalm 22**	**Kurze Zusammenfassung**
Matthäus 27, 39		
Matthäus 27, 43		
Matthäus 27, 46	*Vers 2*	
Johannes 19, 18 (vgl. auch 20, 25)		
Johannes 19, 24		
Johannes 19, 28		*Der König hat schrecklichen Durst.*

→ Ab in die Praxis

6. Psalm 22 wurde 1000 Jahre vor dem Tod und der Auferstehung Jesu geschrieben. Dennoch weisen Davids Worte deutlich auf Christus hin. Was sagt uns das über Gottes Pläne, Jesus als seinen gesalbten König zu senden?

   Inwiefern hilft uns das, auch Gottes weiteren Plänen zu vertrauen?

7. Auf welche Weise trifft es auf dich oder einen Christen aus deinem Bekanntenkreis zu, dass die »Angst ... nahe« ist (V. 12)? Wie können dir oder ihm die Verse 4–6 helfen, auf Gott zu vertrauen?

Ganz persönlich

○ Lies nochmals die Verse 10–11
und anschließend Psalm 139, 13–16.
Wir waren schon von Gott gekannt, erwählt und geliebt, ehe wir überhaupt gezeugt wurden. Das gilt selbst für diejenigen unter uns, die erst im Erwachsenenalter ihr Vertrauen auf Christus setzten. Wie prägt das deinen Blick dafür, wie du dich selbst siehst? Wie beeinflusst es die Art und Weise, wie du mit deinem Körper umgehst?

○ Lest Psalm 22, 23–32.

8. Man könnte die Verse 2–22 folgendermaßen zusammenfassen: »Der König leidet entsetzlich und schreit in seinem Leid zu Gott.« Wie würdest du die Verse 23–32 zusammenfassen?

Worterklärungen

Reich (V. 29): souveräne Herrschaft.
Gerechtigkeit (V. 32): mit Gott im Reinen sein.

↓↓ ***Tiefer schürfen***

○ Lest 1. Mose 12, 1–3 und Psalm 2, 8.

Auf welche Weise klingen in Psalm 22, 28–32 die Verheißungen Gottes an Abraham und die Verheißung aus Psalm 2 an? Woher wissen wir, dass diese Rettungsbotschaft alle erreichen wird?

9. Welche Formulierungen finden wir in den Versen 23–32, die uns zeigen, wie wir uns Gott gegenüber angemessen verhalten?

Entspricht das dem, wie ihr Gott in der vergangenen Woche begegnet seid? Falls nein, was solltet ihr in der kommenden Woche an eurem Umgang mit Gott verändern, damit er mehr den Versen 23–32 entspricht?

⟲ *Ganz persönlich*

Dieser Psalm nimmt uns mit auf eine emotionale Reise. Deshalb sang ihn das Volk Gottes über die Jahrhunderte wieder und wieder. Lies die Verse 2–22 nochmals langsam durch und schmecke dabei die Bitterkeit des Kreuzes. Nun bitte den Herrn, dir zu helfen, das durch das Kreuz bewirkte Wunder der weltweiten Erfahrung der Rettung und Anbetung wirklich zu schätzen (V. 23–32).

→ *Ab in die Praxis*

10. In Vers 32 steht: »Sie werden kommen und seine Gerechtigkeit predigen dem Volk, das geboren wird. Denn er hat's getan.« Dieser Psalm wurde vor 3000 Jahren geschrieben. Folglich gehören wir zu den Menschen, die aus damaliger Sicht erst noch geboren werden sollten. Wie kannst du einem interessierten Nichtchristen erklären, dass Gott es »getan« (oder »vollbracht«) hat?

↑ *Zum Beten*

Weil Gott sich gegenüber dem König Jesus in dessen Elend als treu erwiesen hat, dürfen wir vollkommen zuversichtlich sein, dass er das auch in Bezug auf unser Elend sein wird. Dankt Gott dafür, dass er so vertrauenswürdig ist, und betet für die Menschen in eurem Umfeld, die derzeit durch Leid gehen.

PSALM 23

—

3. GOTT FÜHRT SEINEN KÖNIG

↳ ***Einstieg***

1. Psalm 23 wurde vor etwa 3000 Jahren geschrieben.
   Was waren damals wohl die Hauptaufgaben eines Hirten?

↓ ***Was steht da?***

○ Lest Psalm 23, 1–4.

2. Welche Bezeichnung für Gott steht am Anfang und am Ende dieses Psalms?

   Lest 2. Samuel 7, 11b–14a. Welche Bundesverheißungen gab »der HERR« dem König aus Davids Geschlecht?

3. Was tut Gott für seinen König (Ps 23, 1–3)?

Warum tut Gott das (V. 3)?

↓↓ ***Tiefer schürfen***

In Psalm 23,1–3 hören wir einen Widerhall jener Formulierungen, mit denen in 2. und 5. Mose beschrieben wird, was der Bundesgott beim Auszug aus Ägypten und in der Wüste für das Volk Israel tat.

○ Lest 5. Mose 2,7. Welche Verbindung zu Psalm 23,1 könnt ihr erkennen?

○ Lest 2. Mose 15,13. Ein Einblick in die hebräischen Wörter, die hier verwendet werden, hilft uns, die Verbindungen zu Psalm 23 zu sehen. Das Wort für »Barmherzigkeit« (oder »Bundesliebe«), chesed, wird sowohl in 2. Mose 15,13 als auch in Psalm 23,6 verwendet. Der Begriff, der in 2. Mose 15,13 mit »heilige Wohnung« übersetzt wird, heißt wörtlich »Weide«. Welche sonstigen Verknüpfungen siehst du zwischen Psalm 23,1–3 und 2. Mose 15,13?

---

4. Weshalb konnte David so zuversichtlich sein, dass der HERR, der Bundesgott, ihn führen und leiten wird?

Weshalb konnte Jesus, als er diese Worte sang, ebenfalls zuversichtlich sein, dass er dem Weg seines Vaters folgte (vgl. Joh 4,34; 10,17–18 und 12,49–50)?

→ ***Ab in die Praxis***

5. Wie beeinflusst das unsere Zuversicht als Christen, dass Gott uns führen und leiten wird?

---

6. Der Hirte führt seinen König zur »grünen Aue« (V. 1), aber wohin führt die Straße außerdem (V. 4)?

Warum musste König David diese Straße nicht fürchten? Weshalb musste sie schließlich auch König Jesus nicht fürchten?

→ ***Ab in die Praxis***

7. Jesus, unser König, ist vor uns her gegangen. Er ging in das tiefste und dunkelste Tal hinein und durch dieses Tal hindurch. Welchen Unterschied macht das für uns, wenn wir durch Anfechtungen gehen?

Ganz persönlich

König Jesus ist für dich durch das Todestal gegangen. In welcher Hinsicht könnte es für dich in dieser Woche wichtig sein, in dieser Wahrheit zu ruhen?

↓ *Was steht da?*

○ Lest Psalm 23, 5–6.

8. Vers 5 blickt nach vorn auf den letztendlichen Sieg des Königs. Was tut Gott für ihn und wofür sorgt er?

Worterklärungen

Salben (V. 5): Öl auf den Kopf von jemandem gießen, um anzuzeigen, dass er zum König erwählt ist.

Wie erfüllte sich Vers 5 schließlich für Jesus, Gottes König (siehe Kol 2, 14–15)?

9. Vers 6 bildet den Höhepunkt dieses Psalms. Welche Freude schenkt der HERR seinem König am Ende?

→ ***Ab in die Praxis***

10. Lest Psalm 27, 4. Das ist ein weiterer Psalm von David. Was formuliert er dort als seinen größten Wunsch?

Wie steht es mit dir? Was tust du, um »zu schauen die Schönheit des HERRN«?

Ganz persönlich

Der König, der diese Bundeszusicherungen erbt, ist letztendlich Jesus Christus. Und nun gelten sie uns, wenn wir »in Christus« sind. Unser König wird mit Gott, dem Vater, zu unserem guten Hirten. Er führt uns, seine Schafe, dorthin, wo er selbst schon hingegangen ist. Wen kannst du diese Woche mit diesem Gedanken ermutigen?

↑ ***Zum Beten***

Lest nochmals Psalm 23, 6. Wenn Jesus euer König ist, dann gehören euch diese Worte ebenso. Nehmt sie als Grundlage, um zu loben und zu danken.

PSALM 42 UND 43

—

4. SELBSTGESPRÄCHE

↳ ***Einstieg***

1. Führst du manchmal Selbstgespräche? Wenn ja, wann tust du das und worum geht es dabei?

↓ ***Was steht da?***

○ Lest die Psalmen 42 und 43.

2. Welche Sätze bzw. Formulierungen wiederholen sich in diesen beiden Psalmen?

Worterklärungen

Haus Gottes (42, 5): Tempel.
Jemandem Recht schaffen (43, 1): ihn von Schuld befreien.

3. Welche Formulierungen in Psalm 42, 2–6 zeigen, wie verzweifelt der Autor beim Schreiben ist?

Woran erinnert er sich jedoch (V. 5)?

→ Ab in die Praxis

Was der Psalmist vermisst, ist keine einsame, mystische Gotteserfahrung, sondern das gemeinschaftliche Getümmel bei der leidenschaftlichen Anbetung im Tempel, die er möglicherweise anleitete.

4. Wonach hat Jesus sich wohl gesehnt, als er diese Worte sang?

Wonach sehnen wir uns, wenn wir diese Worte singen?

Ganz persönlich

Wenn du mit den Geschwistern deiner Gemeindefamilie zusammenkommst, betrachtest du das dann als Vorgeschmack der neuen Schöpfung? Wie kann dir das helfen, wenn du lieber im Bett bleiben würdest, statt zum Gottesdienst zu gehen, oder wenn du neben jemandem sitzt, der dir nicht besonders liegt?

5. In Vers 7 ist der Psalmist immer noch betrübt. Wo befindet er sich?

In Vers 5 hatte er den freudigen Lobpreis der Menschenmenge im Tempel gehört. Welches Geräusch hört er nun (V. 8)?

Was verursacht diese überwältigenden Fluten gemäß den Versen 10–11?

→ ***Ab in die Praxis***

6. Der Psalmist führt Selbstgespräche, als er in Kummer (V. 2–5) und Bedrängnis (V. 7–11) steckt. Was sagt er und wie hilft ihm das (V. 6.12)?

Es ist ein bewegender Gedanke, dass sich auch Jesus diese Worte zugesprochen hat. Wann hat er sie wohl besonders dringend benötigt?

Wann könntest du es nötig haben, auf diese Weise mit dir selbst zu sprechen?

↓ ***Was steht da?***

○ Lest nochmals Psalm 43.

7. Psalm 43,1 ist das erste ausdrückliche Gebet in den beiden Psalmen. Wofür betet der Psalmist und warum?

8. Der Psalmist hat sich selbst in Erinnerung gerufen, dass Gott seine Zuflucht ist. Worum bittet er Gott im Anschluss (V. 3–4)?

→ ***Ab in die Praxis***

Obwohl der Psalmist sich darauf freuen kann, Gottes Volk in die Gegenwart des Herrn zu führen, ist es im Moment angebracht, den kummervollen Refrain ein drittes Mal zu singen (V. 5).

9. Das Wissen um wunderbare Wahrheiten über Gott bedeutet nicht, dass wir dem Leid entkommen. Wenn wir anhaltend oder wiederholt Leid erfahren: Wie könnte uns die Tatsache helfen, dass diese beiden Psalmen dreimal auf den gleichen bedrückten Wortlaut zurückkommen?

↓↓ *Tiefer schürfen*

○ Lest 2. Timotheus 3,12; Matthäus 5,10–12; Jakobus 1,2–4; 2. Korinther 1,3–4.
Was wird uns dort jeweils über das Leiden gelehrt?

Wie könntest du einen oder mehrere von diesen Versen einsetzen, um jemanden zu ermutigen, der aktuell durch Prüfungen geht?

---

10. Der Psalmist hält die Spannung zwischen zwei Dingen aus: seiner aufgewühlten Seele und seiner Gewissheit, dass er seinen Gott wieder preisen wird. Deshalb konnte er sich selbst immer wieder zusprechen: »Harre auf Gott.« Wann könntest du es in der kommenden Woche benötigen, dir selbst auf diese Weise zuzureden?

Ganz persönlich

Nimm dir für diese Woche vor, täglich ein Selbstgespräch über deine Hoffnung auf Gott zu führen. Wann kannst du das machen? Wie kannst du sicherstellen, dass du es nicht vergisst?

↑ ***Zum Beten***

In dieser Einheit haben wir über die Prüfungen nachgedacht, die wir selbst erleben, sowie über andere Menschen, die aktuell Leid erfahren. Wir haben auch gesehen, dass wir auf Gott harren können – unabhängig davon, wie sehr wir leiden.
Nehmt einige dieser Gedanken mit ins Gebet.

PSALM 84

—

5. AUF DEM WEG NACH HAUSE

↳ ***Einstieg***

1. Warst du schon einmal in einer Situation, in der du dich nach deiner Heimat gesehnt hast? Wo warst du und wie ging es dir damals?

↓ ***Was steht da?***

○ Lest Psalm 84.

2. Wer schrieb diesen Psalm?

Worterklärungen

Zion (V. 8): Jerusalem.
Gesalbter (V. 10): Gottes erwählter König.

3. Man könnte Psalm 84 einen Psalm der Sehnsucht nennen. Wonach sehnt sich der Psalmist?

4. Was erfahren wir in den Versen 2–5 über Gottes »Wohnungen«?

   Gottes Wohnung ist schön. Welches Paradox finden wir jedoch in Vers 4?

5. All diese Sehnsüchte finden ihre Erfüllung in Jesus Christus. Schlagt die folgenden Bibelstellen nach, um herauszufinden, wie Jesus jede einzelne davon erfüllt hat: Matthäus 12, 6; Johannes 1, 14; 1. Korinther 3, 16; Epheser 2, 18; Hebräer 9, 28; 1. Johannes 1, 2. Tragt sie in die Tabelle ein.

Erfüllte Sehnsucht	**Bibelstelle im Neuen Testament**
Jesus ist der Eine, der größer ist als der Tempel.	
Er ist das Opfer, das für Sünder auf dem Altar dargebracht wurde.	
Er ist der »Ort«, an dem Gott auf Erden wohnte.	
Er ist der Eine, in dem irdische Sünder Zugang zu Gott, dem Vater, finden.	
Er ist der Eine, in dem das Leben des lebendigen Gottes erschien.	
Jetzt ist die Gemeinde Jesu Christi durch seinen Geist der Tempel des lebendigen Gottes.	

↑ *Zum Beten*

Betrachtet nochmals die Tabelle, in der sechs Punkte aufgezeigt werden, wie Jesus die Sehnsüchte aus Psalm 84,2–5 erfüllt. Antwortet Gott auf die einzelnen Punkte im Gebet.

6. Auch wenn der glücklich zu preisen ist, der zu Hause sein darf (V. 2–5), bedeutet es ebenso Glück, nach Hause zu gehen bzw. sich auf der Pilgerreise zu befinden. Was wird uns in den Versen 6–8 über die Pilger und ihre Reise gezeigt?

→ *Ab in die Praxis*

7. Als Christen sehnen wir uns nach unserer ewigen Heimat beim Herrn. Auf unserem Weg durch das Leben ist unser Herz auf dieses herrliche Ziel ausgerichtet. Wie könnte das in deiner Gemeindefamilie praktisch werden? Wie können wir einander ermutigen, im Alltag – in guten wie in schlechten Zeiten – unser endgültiges Zuhause beim Herrn im Blick zu behalten?

Ganz persönlich

Wir halten Erste-Hilfe-Material bereit, um Verletzungen schnell versorgen zu können. Ähnlich könntest du dir eine Art »geistliches Notfallset« zurechtlegen, auf das du bei den Durststrecken der Pilgerreise zurückkommst, um gesund zu bleiben. Welche Psalmen, Lieder, Bücher, Gebete oder Menschen helfen dir bereits auf deinem Weg in Richtung himmlische Heimat? Fällt dir etwas ein, das du noch mit auf deine Erste-Hilfe-Liste setzen möchtest?

↓↓ ***Tiefer schürfen***

○ Lest Psalm 87.

Welcher Refrain wiederholt sich in den Versen 4 und 6 und findet sich außerdem ähnlich formuliert in Vers 5?

Wie formuliert Paulus diesen Gedanken in Philipper 3, 20?

↓ ***Was steht da?***

○ Lest nochmals Psalm 84, 9–13.

---

8. In den Versen 9–10 beginnt der Psalmist zu beten. Für wen betet er und was erbittet er?

Wer war zu alttestamentlicher Zeit, als dieser Psalm zum ersten Mal gesungen wurde, der »Gesalbte«?

Auch später, während des Exils und danach, sang Gottes Volk diesen Psalm. Über wen sangen sie damals?

9. Wie sind die Verse 10 und 12 miteinander verknüpft?

→ ***Ab in die Praxis***

10. Die Zusage, dass Gott den Frommen »kein Gutes mangeln lassen« wird (V. 12), war zu allen Zeiten für viele leidende Gläubige eine kostbare Verheißung. Wie kannst du in dieser Woche einen leidenden Christen (der »in Christus« ist – in dem Einen, der unsträflich war) mit dieser Verheißung ermutigen?

Ganz persönlich

Welche Zeichen von Gottes Güte siehst du heute rings um dich her? Danke ihm für jedes einzelne.

11. »Denn ein Tag in deinen Vorhöfen ist besser als sonst tausend« (V. 11). Was in deinem Leben macht es dir hier und jetzt schwer, diese Aussage zu glauben? Welchen Unterschied würde es in deinem Leben machen, wenn du tatsächlich jeden Tag mit dieser Haltung leben würdest?

↑ ***Zum Beten***

- »Wohl denen, die in deinem Hause wohnen; die loben dich immerdar« (V. 5).
- »Wohl den Menschen, die dich für ihre Stärke halten und von Herzen dir nachwandeln« (V. 6).
- »HERR Zebaoth, wohl dem Menschen, der sich auf dich verlässt« (V. 13).

Betet anhand dieser Verse für eure Gemeinde, für Einzelne aus eurer Gemeindefamilie und für euch selbst.

PSALM 90

—

6. FÖRDERE DAS WERK UNSRER HÄNDE

↳ ***Einstieg***

1. Stell dir vor, du unterhältst dich mit jemandem, der nichts über den Gott der Bibel weiß. Überlege dir ein Wort oder einen kurzen Satz, der hilfreich sein kann, ihm einen Aspekt von Gottes Wesen zu vermitteln.

↓ ***Was steht da?***

○ Lest Psalm 90.

2. Was teilen uns die Verse 1–2 über Gott mit?

Worterklärungen

Missetaten (V. 8): Gesetzesübertretungen, Sünden.

Ein Großteil des Psalms konzentriert sich auf die Vergänglichkeit unseres Lebens. Wir beginnen aber mit dem Fokus auf Gott (V. 1–2). Warum ist das wichtig?

3. Anders als Gott ist unser Leben fragil und vergänglich. Worauf bezieht sich Vers 3 (siehe 1. Mose 2,7 und 3,19)?

Was sagt Mose in den Versen 4–6 über die Zeit?

→ ***Ab in die Praxis***

4. Wann wird dir besonders bewusst, wie zerbrechlich dein Leben ist?

Wie könntest du mit der Wahrheit aus Vers 4 einen anderen Gläubigen ermutigen, der damit hadert, wie kurz – oder wie lang – das Leben ist?

Ganz persönlich

Überlege, wofür du in letzter Zeit hauptsächlich gebetet hast. Würden manche dieser Gebete anderes klingen, wenn du Gottes Perspektive auf die Zeit hättest? Würdest du mit diesem Blickwinkel auf die Zeit vielleicht für weitere Anliegen beten?

5. In Vers 12 beten wir mit Mose darum, »dass wir klug werden«. Diese Klugheit beginnt mit der Einsicht, warum wir vergänglich sind und sterben müssen. Welchen Grund sehen wir in den Versen 7–11 (siehe auch V. 3)?

6. Das Leben ist vom Tod überschattet, weil wir Sünder sind und in einer Welt unter der Sünde leben. Christen sind jedoch auch »in Christus«. Welchen Unterschied macht das (siehe Röm 8,1.10.23)?

Was bedeutet es für uns (als Christen, die in einer Welt unter der Sünde leben) zu »bedenken, dass wir sterben müssen« (V. 12)?

↓ ***Was steht da?***

○ Lest nochmals Psalm 90,13–17.

7. In diesem Schlussteil betet Mose zu dem »HERRN«, dem Bundesgott. Worum bittet er Gott?

Auf welche Weise ist Jesus Christus die letztendliche Erhörung dieses Gebets?

8. Jesus hat Psalm 90 sicherlich gebetet. Wann konnte er Vers 17 wohl auf sich selbst anwenden (siehe z. B. Joh 6, 66 und 12, 37)?

→ ***Ab in die Praxis***

9. Wenn Jesus es nötig hatte, diesen Psalm zu beten, dann haben wir es als sein Volk ziemlich sicher auch nötig, ihn für uns selbst zu beten. In welcher Gefahr stehen wir jedoch, wenn wir lediglich Vers 17 beten, aber die vorherigen 16 Verse ignorieren?

↓ ↓ ***Tiefer schürfen***

Uns wird nicht mitgeteilt, wann genau Mose diesen Psalm schrieb, aber wir sehen, dass es ein gemeinschaftlicher Psalm ist (er ist größtenteils im Plural verfasst). Ein möglicher Kontext steht in 4. Mose 21, 4–9. Inwiefern würde Psalm 90 zu dieser Situation passen?

Ganz persönlich

Psalm 90 gibt uns ein Gebet an die Hand, das wir besonders dann beten können, wenn uns die Zerbrechlichkeit unseres Lebens zutiefst schmerzt. Wie kann das Beten dieses Psalms dir diese Woche helfen?

10. Schau dir nochmals deine Antworten auf Frage 1 an. Wähle einen Satz aus Psalm 90, der dir helfen kann, einem Nichtchristen etwas mehr über das Wesen Gottes zu erzählen.

Wähle außerdem einen Satz aus, der für dich persönlich in dieser Woche eine Ermutigung oder Ermahnung sein kann.

↑ *Zum Beten*

> *»Und der Herr, unser Gott, sei uns freundlich /*
> *und fördere das Werk unsrer Hände bei uns.*
> *Ja, das Werk unsrer Hände wollest du fördern!«*
> *(Ps 90,17)*

Dankt Gott, dass er dieses Gebet Jesu herrlich erhört hat, indem er auf ewig das Werk der Hände Christi fördert.
Bittet Gott, dieses gemeinsame Gebet für eure Gemeinde zu erhören, dass das Werk des Evangeliums, das ihr gemeinsam in seinem Namen tut, für die Ewigkeit Frucht bringen möge.

PSALM 145

—

7. IN DEN CHOR EINSTIMMEN

↳ ***Einstieg***

1. Im Einstieg zur ersten Einheit (S. 15) hattet ihr darüber gesprochen, wie es euch damit geht, einige Psalmen gemeinsam zu studieren, und ob ihr Lieblingspsalmen habt. Wie würdet ihr diese Fragen jetzt beantworten?

↓ ***Was steht da?***

○ Lest Psalm 145.

2. Wann und für wie lange möchte David Gott preisen (V. 1–2)?

Worterklärungen

Erheben, rühmen (V. 1.2): ehren, loben.
Herrschaft (V. 13): Souveränität, Machtbereich.

Mit welchen Worten beschreibt David in den Versen 1–2, wie er Gott ehrt?

Die Verse 1–2 geloben Gott uneingeschränktes, ununterbrochenes und unendliches Lob. Hat David dieses Versprechen gehalten?

3. »Wenn Gott nicht gepriesen wird, wird er einer Not leidenden Welt auch nicht kundgetan.« Stimmst du diesem Satz zu? Warum oder warum nicht?

→ ***Ab in die Praxis***

4. Überlegt, auf welche Arten ihr den Herrn in eurer Gemeindefamilie erhebt, lobt und rühmt? Wie kann Gott dadurch Menschen bekannt gemacht werden, die ihn noch nicht kennen?

Ganz persönlich

Denk an jemanden, dem du gern das Evangelium verkündigen würdest. Bete für eine Gelegenheit, Gott diese Woche in Gegenwart dieser Person zu preisen.

5. Die Verse 3–13a verknüpfen Gottes Größe mit seiner Güte. Tragt in die Tabelle ein, ob der Vers entweder auf seine Größe oder auf seine Güte hinweist, und was uns dort gesagt wird.

Psalm 145	Gottes Größe	Gottes Güte
Vers 3		
Vers 4	*»deine gewaltigen Taten«*	–
Vers 5		
Vers 6		
Vers 7		
Vers 8	–	*»Gnädig und barmherzig«* *»geduldig und von großer Güte«*
Vers 9		
Vers 10	*»Es sollen dir danken … alle deine Werke und deine Heiligen dich loben«*	–
Vers 11		
Vers 12		
Vers 13a		

→ ***Ab in die Praxis***

6. Fällt es euch manchmal schwer, Gott auf diese Weise zu sehen – als zugleich allmächtig und vollkommen gut? Warum oder warum nicht?

↻ *Ganz persönlich*

Kennst du jemanden, der zurzeit Gottes Güte hinterfragt? (Vielleicht bist du das selbst.) Bitte Gott, dass er das Herz dieser Person auftut und ihr hilft, die Welt so zu sehen, wie er sie sieht. Was kannst du beitragen, um diese Person von Neuem an Gottes Macht und Güte heranzuführen?

↓↓ *Tiefer schürfen*

○ Lest Apostelgeschichte 2,22–24 und 4,24–28.

Was hatte Gott diesen Versen zufolge mit der Kreuzigung seines Sohnes zu tun?

↓ *Was steht da?*

○ Lest nochmals Psalm 145,13b–21.

7. Wem ist Gott in den Versen 13b–16 treu?

Welchen Bund hält Gott hier (siehe 1 Mose 9,9–11)?

8. Wem ist Gott in den Versen 17–20 treu?

Welchen Bund hält Gott in diesen Versen (siehe 1 Mose 12,1–3)?

Welche Konsequenzen hat das für die »Gottlosen« (V. 20)?

Psalm 145 wurde von König David geschrieben und gesungen, doch letztlich von König Jesus erfüllt. Er konnte ihn in dem Wissen singen, dass sein Lobpreis wirklich uneingeschränkt, ununterbrochen und unendlich ist (V. 1–2). Uns gelingt es dagegen nicht, Gott ein vollkommenes Lob darzubringen. Unser Lobpreis geschieht unter Vorbehalten, mit Unterbrechungen und hat ein Ende.

9. Wie können wir Gott also auf jene Weise loben, zu der uns Psalm 145 einlädt?

10. Wie hat sich dein Verständnis der Psalmen oder deine Wertschätzung für den Psalter verändert, wenn du auf die sieben Einheiten dieses Arbeitsheftes zurückblickst? Welche Wahrheiten über Gott haben dich in den Psalmen besonders angesprochen und weshalb?

Ganz persönlich

Schau dir deine Antworten auf Frage 10 noch einmal an.
Wie kannst du dich in dieser Woche an jene Wahrheiten über Gott immer wieder erinnern?

↑ ***Zum Beten***

»[A]lles Fleisch lobe seinen heiligen Namen immer und ewiglich.« (Ps 145, 21)
Das ist der Punkt, an dem wir ins Spiel kommen – nicht, um den Lobpreis zu beginnen, denn Jesus hat das bereits getan, und nicht, um den Lobpreis anzuführen, denn das tut Jesus längst, sondern um in den Chor einzustimmen.
Dankt Gott, dass er seinen Sohn, König Jesus, gesandt hat – er ist es, der Gott, den König und Vater, auf vollkommene Weise preist.
Bittet König Jesus, dass er durch seinen Geist in unseren Herzen das Lob Gottes hervorruft, während wir in seinem Chor mitsingen.

Die Deutsche Nationalbibliothek verzeichnet diese Publikation in der Deutschen Nationalbibliographie; detaillierte bibliographische Daten sind im Internet über dnb.de abrufbar.

Das Werk ist in allen seinen Teilen urheberrechtlich geschützt. Jede Verwertung ist ohne Zustimmung des Verlags unzulässig. Das gilt insbesondere für Vervielfältigungen, Übersetzungen, Mikroverfilmungen und die Einspeicherung in und Verarbeitung durch elektronische Systeme.

Titel des englischen Originals:
The King's Choir: Singing the Psalms with Jesus
© 2020 by Christopher Ash
Published by
The Good Book Company

Wenn nicht anders angegeben, wurde folgende Bibelübersetzung verwendet:
Lutherbibel, revidiert 2017, © 2016 Deutsche Bibelgesellschaft, Stuttgart.

Sonstige Bibelübersetzungen wurden mit freundlicher Genehmigung der Verlage wiedergegeben.

ELB Revidierte Elberfelder Bibel © 1985, 1991, 2006, SCM R. Brockhaus im SCM Verlag GmbH & Co. KG, Witten.

NGÜ Neue Genfer Übersetzung – Neues Testament und Psalmen, Copyright © 2011 Genfer Bibelgesellschaft.

© 2023 Verbum Medien gGmbH, Bad Oeynhausen
www.verbum-medien.de
info@verbum-medien.de

Übersetzung:
Tanja Bittner
Lektorat:
Florian Gostner
Buchgestaltung und Satz:
Samuel Hinterholzer
Druck und Bindung:
Finidr

1. Auflage 2023
Best.-Nr. 8652 056
ISBN 978-3-98665-056-8

Solltest du Fehler in diesem Buch entdecken, würden wir uns über einen kurzen Hinweis an fehler@verbum-medien.de freuen.

Evangelium 21

Zu Evangelium21 gehören Christen aus verschiedenen Kirchen und Gemeinden, die ihren Glauben fest auf Jesus Christus gründen. Ausgerichtet auf die von den Reformatoren wiederentdeckten Wahrheiten – *Gnade allein, Glaube allein, die Schrift allein, Christus allein und zu Gottes Ehre allein* – setzt Evangelium21 Impulse, durch die Gemeinden gestärkt werden.

Als Anlaufstelle für Gleichgesinnte und Interessierte empfehlen wir Kontakte und Ressourcen. Die von uns angebotenen Materialen und Veranstaltungen betonen die Zentralität des Evangeliums für den Gemeindealltag und für das gesamte Leben.

evangelium21.net

www.verbum-medien.de